Die Deutsche Bibliothek - CIP-Einheitsaufnahme

**Langwald, Marie-Luise:**
Im Land der Gnade. Gedanken und Gebete
im Heiligen Land / von Marie-Luise Langwald.
Werl : Dietrich-Coelde-Verl., 1996

ISBN 3-87163-221-X

**ISBN 3-87163-221-X**

© 1996 Dietrich-Coelde-Verlag, 59457 Werl

Herstellung: dcv-druck, 59457 Werl

Marie-Luise Langwald

# IM LAND DER GNADE

## Gedanken und Gebete im Heiligen Land

Dietrich-Coelde-Verlag

1996

# Im Land der Gnade

Im Land der Gnade,
wo die Erde anders riecht,
wo sie Zeichen ist
und Hinweis
auf den einen Gott,
der ins Leben ruft,

im Land der Gnade,
wo die Sonne anders scheint,
wo sie Zeichen ist
und Hinweis
auf die eine Sonne,
die wärmt,

im Land der Gnade,
wo die Luft anders ist,
wo sie Zeichen ist
und Hinweis
auf den einen Geist,
der weht,

im Land der Gnade,
wo ich anders bin,
wo Zeichen
und Hinweise
mich drängen
zu IHM,

da möchte ich sein,
da bin ich.

Berg der Seligpreisungen.
Blick auf den See Genesaret

## Deine Spuren

Deine Spuren:
wo sind sie?

Deine Spuren:
nicht in Sand getreten -
in Hände geformt.

Deine Spuren:
nicht in Stein gehauen -
in Gesichter geschrieben.

Deine Spuren:
nicht in Marmor gemeißelt -
in Herzen gedrückt.

Deine Spuren:
nicht in Beton gegossen -
in Menschen
lebendig.

Kinder im Heiligen Land

## Dein Land

Das alles hast du gesehen:
die Fülle der Steine,
die Farbe der Blumen,
die Vielfalt der Tiere.

Das alles hast du gespürt:
die Wärme der Sonne,
die Kälte des Regens,
die Kraft des Sturmes.

Das alles hat dich gefreut:
die Frische des Wassers,
der Glanz des Sees,
die Größe der Berge.

Das alles hast du gehört:
das Lachen der Kinder,
das Rufen der Jugend,
das Reden der Alten.

Deine Füße
eilten durch dein Land.
Deine Ohren
hörten seine Stimmen.
Deine Augen
sahen seine Schönheit.

Und jetzt
eilen meine Füße
durch dein Land,
hören meine Ohren
seine Stimmen,
sehen meine Augen
seine Schönheit.

Ich danke dir
für dein Land.

Ich danke dir
für dich.

Am See Genesaret

## Shalom

Streit
zwischen den Völkern!
Streit
zwischen den Religionen!
Streit
zwischen den Konfessionen!

Das Land des Friedens
ist weit!

Aus vielen Trümmern
und zahl-losen Wunden,
erkämpft mit Leidenschaft
und begossen mit Tränen
keimt
immer neu
die Sehnsucht
nach deinem
Shalom!

*Joh 14,25-31*

Ölzweig

## Dem Weg auf der Spur

Dem Weg auf der Spur
in Seinem Land -
die Wegen gehen, die Er gegangen,
die Steine betreten, die Er betreten,
die Luft atmen, von der Er gelebt hat,

dem Weg auf der Spur
in meinem Leben -
meinen Weg gehen, hinter Ihm her,
Seinen Himmel ahnen, mir voraus,
Seinen Atem spüren,
das Wehen des Geistes,

dem Weg auf der Spur
bin ich
immer.

*Joh 14,6*

Römische Treppe in Jerusalem

## Du errichtest dein Zelt

Du errichtest dein Zelt.
Du kommst in die Welt.
Du breitest dich aus
über uns.
Du errichtest dein Zelt.

Du kommst zu Maria.
Du breitest dich aus
in ihr.
Du errichtest dein Zelt.

Du kommst zu mir.
Du breitest dich aus
durch mich.
Errichte dein Zelt.

*Lk 1,26-38*

Kuppel der Verkündigungskirche in Nazaret

# Die kleine Tür in Betlehem

Wie oft
muß ich leisten
und möchte nur lieben,
muß ich stark sein
und fühle mich schwach,
muß ich groß sein
und bin doch ganz klein.

Die kleine Tür
in Betlehem
macht mir Mut.

Nur
wer klein ist,
kommt zum Großen,
wer schwach ist,
trifft auf Stärke,
wer liebt,
findet das Leben.

Die kleine Tür
in Betlehem
führt zu Ihm.

*Lk 2,1-20*

Eingang zur Geburtskirche in Betlehem

## Stern von Betlehem

Es sind viele Sterne,
die sich als Stars
für wichtig halten.

Es sind viele Sterne,
die Menschen einander
vom Himmel holen wollen.

Es sind viele Sterne,
die uns zeit unseres Lebens
begegnen.

„Ein Stern geht in Jakob auf,
ein Zepter erhebt sich in
Israel."
*Num 24,17*

Ein Stern
geht über der Krippe auf.

Ein Stern
ist Wegweiser zum Kind.

Ein Stern
ist Hinweis auf den Star -

damals und heute
in Betlehem und anderswo.

„Als die Sterndeuter den
Stern sahen, wurden sie
von großer Freude erfüllt."
*Mt 2,10*

Daß jeder Stern unseres Lebens
Hinweis sei
auf den Stern von Betlehem,
auf den einen Star für uns,
das ist unser Weihnachtswunsch -
an jedem Tag unseres Lebens.

Stern in der Geburtsgrotte in Betlehem

## Bewegung

Gott
bringt in Bewegung:
die Mutter
mit dem Ungeborenen
nach Betlehem,

die Hirten
mit den Schafen
zur Krippe,

die Weisen
mit den Gaben
zum Kind

und zurück.
Gott
bringt in Bewegung.

Es gibt keinen Still-Stand.

*Lk 2,1-20; Mt 2,1-12*

Weg bei Betlehem

## In deiner Grotte

Wo finde ich dich, Maria,
in den lauten Straßen
von Nazaret,
in dem Gewühl der Menge,
im Gedränge des Bazars?

Wo finde ich dich, Maria,
in der modernen Kirche
in Nazaret,
in den Mengen von Steinen,
in den Fluten von Bildern?

Wo finde ich dich, Maria,
im Nazaret
der Postkarten,
der Geldwechsler,
der Händler?

Ich finde dich
in den Augen jeder Frau,
die ein Kind anlächelt,
in der Hand jeder Frau,
die ein Kind führt,
und im Schritt jeder Frau,
die ihr Kind begleitet.

Und heute früh um sechs,
in deiner Grotte,
da hast du
unsichtbar
und spürbar
an meiner Seite gesessen.

*Lk 2,39-40*

Verkündigungsgrotte in Nazaret

## Wie Jesus im Tempel

Auch ich
bin geblieben in Jerusalem -
ein Teil von mir nur
reiste heim.

Auch ich
sitze da,
ich höre zu
und stelle Fragen.

Und meine Sehnsucht ist es,
immer mehr daheim zu sein
im Haus des Vaters
und beim Sohn.

*Lk 2,41-52*

Blick auf Jerusalem

## Untertauchen

Untertauchen
und niemanden mehr
sehen.

Untertauchen
und nichts mehr
hören.

Untertauchen
und kein Wort mehr
sprechen.

Eine Sehnsucht.

Untertauchen
im Jordan
und den offenen Himmel sehen
und die Stimme hören
und sprechen.

Deine Sehnsucht.

In meinem Tief
mich an deine
und meine
Taufe er-innern:

Ich
tauche
auf!

*Mk 1,9-11*

Am Ufer des Jordan

# Randvoller Krug

Ein Krug in Kana -
randvoll mit Wasser.
Jesus schenkt,
und Wasser wird Wein.

Ein Krug in Kana -
randvoll mit Wein.
Gott schenkt,
und Fülle ist Er.

Ein Krug in Kana -
randvoll mit Sehnsucht.
Gott schenkt,
und Ihn zu finden,
ist unsere Hoffnung.

Ein Krug in Kana -
randvoll mit Wundern -
Gott schenkt
und trifft mich.

*Joh 2,1-12*

Krug in der Kirche von Kana

## Am Ufer deines Sees
## möchte ich sitzen

Am Ufer deines Sees
möchte ich sitzen
und hören
das Plätschern der Wellen,
das Summen der Bienen,
das Schreien der Möwen.

Am Ufer deines Sees
möchte ich sitzen
und sehen
die Farben der Blumen,
das Spiel der Wolken,
den Glanz des Lichtes.

Am Ufer deines Sees
möchte ich sitzen
und fühlen
die Wärme der Sonne,
die Kühle des Windes,
die Frische des Wassers.

Doch
am Ufer deines Sees sitze ich
und fühle
deine Hand:

„Steh auf und komm!"

Am Ufer deines Sees sitze ich
und sehe
deinen Wink:
„Steh auf und komm!"

Am Ufer deines Sees sitze ich
und höre
deinen Ruf:
„Steh auf und komm!

Bleib nicht zurück am Ufer!
Dein Weg führt hinauf:
an meinem Ufer,
an meiner Seite,
an meiner Hand."

*Mk 1,16-20*

Am Ufer des Sees Genesaret

# Schweigen

Du hast damals
den Sturm gestillt
und den Wellen
Schweigen geboten.

Du hast damals
die Wogen geglättet
und den Jüngern
Ruhe vermittelt.

Du hast damals
die Angst genommen
und den Deinen
Sicherheit gegeben.

Du hast heute
die Worte beruhigt
und uns
Schweigen geschenkt.

*Mk 4,35-41*

Am Ufer des Sees Genesaret

## Irgendwo am See

Irgendwo am See
hast du ihn zum ersten Mal
gesucht,
Maria aus Magdala,
den Mann
von dem man dir Wunderbares
berichtete.

Irgendwo am See
hast du ihn zum ersten Mal getroffen,
Maria aus Magdala,
den Heiland,
der deine Fesseln
gelöst hat.

Irgendwo im Garten
hat er dich für immer
gefunden,
Maria,
der Geliebte,
den deine Seele - immer -
suchte.

*Lk 8,1-3; Joh 20,11-18*

Am Ufer des Sees Genesaret

## Kleine Blume

Kleine Blume -
gleich von Urzeit an.

Auf eine deiner Mütter
hat Er geschaut.
Ihre Schönheit
hat Er gepriesen.
Ihre Sorglosigkeit
hat Er gelobt.

Kleine Blume -
gleich auf jedem Feld,
er-innere mich
an Sein Wort:
Sorgt euch nicht!

*Mt 6,28-33*

Anemone

## Welcher Reichtum

Welcher Reichtum
der Pflanzen
in deinem Land.

Welche Fülle
der Blumen
auf deinem Berg.

Welche Pracht
der Farben
an deinem See.

Ich wage
zu ahnen:

Welcher Reichtum
des Lebens
in mir.

*Mt 6,28-33*

Dattelpalme

## Auf-Atem

Ohne Luft
und ohne Lust
bin ich,
saft-
und kraftlos,
müde.

„Komm",
höre ich dich.
„Komm zu mir!

Du wirst Ruhe finden,
Atem,
Auf-Atem.
Du wirst stehen können,
gehen
und leben."

Ich atme
ein
und auf.

*Mt 11,28-30*

Am Ufer des Sees Genesaret

## Selig-Preisung

Auf dem Berg sein
möchte ich
und mich an der Weite
deines Landes freuen.

Auf dem Berg sein
möchte ich
und mich
an der Schönheit
deiner Blumen freuen.

Auf dem Berg sein
möchte ich
und mich an der Nähe
deines Atems freuen.

Ich preise
deine Weite,
deine Schönheit
und Nähe.

Selig-Preisung
auf dem
Berg.

*Mt 5,1-12*                                                                                    Distel

42

# Mein kleines Brot

Mein kleines Brot
trage ich vor dich:
Ich bringe meine Sehnsucht
nach Liebe.

Mein kleines Brot
trage ich vor dich:
Ich bringe meine Suche
nach Sicherheit.

Mein kleines Brot
trage ich vor dich:
Ich bringe meine Bitte
um Freiheit.

Mein kleines Brot
lege ich in deine Hände.

Deine Hände
schenken Freiheit.

Deine Hände
geben Sicherheit.

Deine Hände
beweisen Liebe.

Aus deinen Händen
empfange ich
das Brot des Lebens.

*Mt 14,13-21*

Brotverkäufer in den Straßen von Jerusalem

## Zwölf Körbe

Wir haben getan,
was wir konnten:
aufbrechen,
hingehen,
hören.

Wir haben gegeben,
was wir hatten:
unsere Zeit,
unsere Schritte,
unsere Offenheit.

Wir haben geschenkt,
was wir besaßen:
unsere Sehnsucht,
unsere Liebe,
unser Ich.

Wunder geschehen!

Zwölf Körbe:
In deinem Land
entdecke ich dich.

Zwölf Körbe:
Im Schweigen
triffst du mich.

Zwölf Körbe:
Im Wunder
finde ich mich.

*Mt 14,13-21*

Mosaik in Tabga

## Dein Wort braucht
## den offenen Himmel

In Gedanken
bin ich durch deine Stadt gegangen
und habe die Straßen durchstreift.

Ich habe Kinder gesehen,
fromme Männer eilten vorüber,
und Frauen hüteten sicher das Haus.

Ich bin in die Synagoge gegangen,
wie es Brauch ist
auf den letzten Rang.

Ich habe dein Wort gehört
vom Brot des Lebens,
das Leben gespürt, das du bist.

Das hat mich mit den Trümmern
der Kirche versöhnt.
Dein Wort braucht
den offenen Himmel,
und Räume fassen es nicht.

*Joh 6,22-59*

Reste der Synagoge in Kafarnaum

# Wer darf ich dir sein?

Gegen den Strom schwimmen
und zur Quelle finden,
das Tal verlassen
und den Berg besteigen,
das Felsen-Feste spüren
und die Wasser-Frische -
ein Leben lang.

Felsen-Quell-Christus,
in Cäsarea Philippi
fragst du mich:
Für wen hältst du mich?
Wer darf ich dir sein?

*Mt 16,13-20*

Jordanquellen in Cäsarea Philippi

# Durst nach dir

In der Wüste
meines Alltags,
in der Trostlosigkeit
meiner Tage
und dem Staub
meines Lebens
habe ich Durst.

In der Wüste
meines Glaubens,
in der Trostlosigkeit
meiner Gebete
und dem Staub
meiner Fragen
habe ich Durst.

Mit spröden Lippen,
trockenem Mund
und durstiger Seele
suche ich Wasser,
Leben, dich.

Und jede Wüste
blüht.

Wüste Juda

*Ps 42,3*

## Wüste von Juda

Wüste von Juda,
Bild meines Glaubens,
du zeigst mir deine Weite.
Aus der Enge meines Ich
darf ich gehen
in Seine Weite.

Wüste von Juda,
Bild meines Glaubens,
du zeigst mir deine Höhen.
Aus der Tiefe meiner Tage
darf ich steigen
in Seine Höhe.

Wüste von Juda,
Bild meines Glaubens,
du zeigst mir deine Tiefen.
Aus der Fläche meines Lebens
darf ich streben
in Seine Tiefe.

Wüste von Juda,
Bild meines Glaubens,
du zeigst mir
meinen Gott.

Wüste Juda

## Weg durch die Wüste

Weg
durch die Wüste,
Weg
des Lebens -

eine Blume wächst
unbemerkt,
ein Tier lebt
unerkannt,
Menschen gehen
und graben Spuren.

Weg
durch die Wüste,
Weg
der Sehnsucht -

wo finde ich
Schatten,
wo ist
Wasser,
wo bist
du?

Weg
durch die Wüste,
Weg
meines Glaubens -

ich folge
dem Volk,
begleite
den Herrn.
An seiner Seite
finde ich das Leben.

Wadi in der Wüste

## Schwaches Schaf

Ein schwaches Schaf
bin ich
in deiner Herde,
guter Hirte.

Langsam
bin ich,
oft lahm
und müde.

Am Ende
bin ich oft,
und andere
sind weit voraus.

Deine Hirten-Sorge
gilt den Schwachen.
Trägst du mich
in deinen Armen?

*Joh 10,11*

Hirtenjunge

## So ist Er

Ein Blick durchs Schlüsselloch,
nach Nebel freie Sicht,
ein Aha-Erlebnis -
Tabor:
So ist es!

Einrichten möchte ich mich
und ausruhen
in der Erkenntnis -
Tabor:
So ist Er!

Der Weg führt ins Tal,
die Sonne sinkt,
die Ahnung lebt:
So wird es sein -
in Seinem Licht.

*Mk 9,2-10*

Blick vom Berg Tabor

## Heimkehr nach Jerusalem

Tretet mit Dank
durch meine Tore ein,
euer Fernweh
findet das Ziel:
Ankunft in Jerusalem.

Tretet mit Dank
durch meine Tore ein,
euer Heimweh
hat ein Ende.
Heimkehr nach Jerusalem.

Tretet mit Dank
durch meine Tore ein,
eure Sehnsucht
ist gestillt.

Meine Tore,
meine Gassen,
meine Mauern
warten auf euch.

Tretet mit Dank
durch meine Tore ein,
eure Sehnsucht
ist gestillt.

*Ps 100,4*

Jaffa-Tor in Jerusalem

## Jerusalem

Einfach nur dastehen,
deine Kuppeln sehen
und atmen die Luft.

Einfach nur stehen,
deine Mauern sehen
und Frieden erbitten.

Einfach nur stehen,
deine Häuser sehen
und Heimat fühlen.

In deinen Toren
möchte ich stehen
und spüren die Sehnsucht.

Du
führst
heim.

*Ps 122*

Blick auf Jerusalem

## Dreifacher Segen

Es segne dich der Herr
vom Zion her.

Welcher Herr
will mich segnen?

Du, Jahwe-Gott,
der seinen König
wohnen ließ
auf dem Zion?

Oder du, Christus-Gott,
der den Traum
vom ewigen Zion
in die Herzen der Menschen legte?

Oder du, Allah-Gott,
der den Propheten
in den Himmel reiten ließ
vom Zion?

Es segne dich Gott,
der Himmel und Erde gemacht hat,
Gott auf dem Zion,
der dich geschaffen hat,
einiger Gott
mit dreifachem Segen.

*Ps 134,3*

Dormitio-Kirche auf dem Zion

## Goldenes Tor

Goldenes Tor,
fest verriegelt
und abgeschlossen.

Öffne dich,
möchte ich schreien,
mache dich auf!

Er ist gekommen,
der König der Herrlichkeit
ist da!

Goldenes Tor,
du bleibst fest verriegelt
und abgeschlossen.

Das Volk des Königs
wartet
auf Ihn.

Öffne dich,
flüstere ich leise, beschämt,
mache dich auf,

du goldenes Tor
meines Herzens,
öffne dich.

Er ist gekommen,
der König der Herrlichkeit
ist da!

Du goldenes Tor
meines Herzens,
verschließe dich nicht!

*Ps 24,7*

## Über die Mauern

Mit dir erstürme ich Wälle,
Gott,
mit dir überspringe ich Mauern.

Du hebst mich
über die Mauern
in die Freiheit.

Du trägst mich
aus der Enge
in die Weite.

Du führst mich
aus der Angst
in die Liebe.

*Ps 18,30*

Stadtmauer von Jerusalem

# Klage an der Mauer

An der Mauer
klage ich
über die Trennung
von Männern und Frauen
beim Beten.

An der Mauer
klage ich
über den Winkel
für Frauen
beim Beten.

An der Mauer
klage ich
über den Zaun,
der Frauen vom Gottesdienst
trennt.

Zerstöre den Zaun
und töte die Trennung,
mische Männer und Frauen
an deiner Mauer!

Frau an der Westmauer

# Tränen der Liebe

Ich möchte
deine Hand halten,
deine Wange streicheln
und deine Tränen berühren.

Tränen der Liebe,
geweint um deine Stadt,
um deine Menschen -
und um mich?

Tränen der Liebe,
kostbare Perlen,
die zeigen,
wie wertvoll ich dir bin.

*Lk 19,41-44*

Dominus-flevit-Kirche

# Raum der Wandlung

Es ist kalt im Coenaculum,
zwischen Nischen
und Pfeilern
fehlst du.

Es ist still im Coenaculum,
zwischen Nischen
und Pfeilern
singt niemand.

Ich bin hungrig im Coenaculum,
zwischen Nischen
und Pfeilern
fehlt dein Brot.

Der Raum der Wandlung
ruft nach
dir.

*Lk 22,7-13*

Abendmahlssaal

# Ich träume, du warst dabei

Wo warst du,
Maria,
als er lud zum Mahl?

Wo warst du,
Maria,
als er brach das Brot
und gab den Kelch?

Wo warst du,
Maria,
als Kirche begann?

Ich träume,
du warst dabei.

Wie du ihn bereitet hast
für das Leben,
wie du ihm gedeckt hast den Tisch,
so deckst du neu den Tisch
und bereitest den Seinen das Leben.

*Mt 26,20-29*

Marienfigur im Coenaculum

## Unter dem Ölbaum

Wie gerne hätte ich
unter einem Ölbaum gesessen
in deinem Garten
und deine Nähe geatmet.

Wie gerne hätte ich
mich an einen Ölbaum gelehnt
in deinem Garten
und die Kraft des Lebens gespürt.

Wie gerne hätte ich
einen Ölbaum mit Armen umfangen
in deinem Garten
und die Fülle der Jahre gespürt.

Mein Traum
überwindet
den Zaun.

Unter dem Ölbaum
finde ich
dich.

*Joh 18,1-2*

Ölbaum im Garten Getsemani

# Fang mich!

Petrus
auf der Treppe.
Dreimal nein.
Der Hahn kräht.
Unendlicher Fall.
Der Blick der Liebe
fängt auf.

Petrus neu
auf der Treppe.
Wieder nein.
Es kräht kein Hahn.
Der Fall findet statt.
Fängt der Blick der Liebe
neu auf?

Auf der Treppe bin
ich
und sage nein.
Der Schrei bleibt aus.
Ich fühle den Fall.
Und meine Augen suchen
deinen Blick der Liebe:
Fang mich!

Römische Treppe in Jerusalem

*Lk 22,54-62*

## Via Dolorosa

Stimmen,
Geräusche,
Gerüche:
Via Dolorosa.

Gehen
ist mühsam,
Sammlung
schwer
und Beten
unmöglich.

Via Dolorosa
wie damals:
Stimmen,
Geräusche,
Gerüche.

Der Kreuzweg
findet
im Alltag statt.

*Lk 23,26-31*

An der Via Dolorosa

# Heiland auf Golgota

Wo Gold und Silber
dein Bild verhüllen,
wo tausend Lampen
dein Licht verdunkeln
und die Augen des Herzens
gehalten sind,
da bist du tot.

Wo meine Liebe
dich sucht,
wo meine Sehnsucht
den Ruß abwischt
und der Blick der Liebe
das Gold durchdringt,
da bist du da.

Du läßt sich finden,
Heiland
auf Golgota.

Eingang zur Grabkammer

## ICH finde dich

Wie soll ich
dich finden
unter tausend Lampen
und hundert Bildern?

Wie soll ich
dich finden
im Streit der Konfessionen
und Gedränge der Menge?

Wie soll ich
dich finden,
Herr,
in dieser Chaos-Kirche?

Wie ein Blitz
trifft mich dein Wort:

ICH
finde dich.
ICH BIN,
wo du bist.

*Ex 3,14*

Öllampe in der Grabeskirche

## WEnde

In der Weite des Gartens,
mitten im Leben
wurde
der Tod
und die Enge des Grabes.

In der Enge des Grabes,
mitten im Tod
ist
das Leben,
der blühende Garten.

Das Tor
steht
offen.

*Joh 19,41-20,10*

Inneres der Grabkammer

## Gegenwind

Der Wind bläst mir ins Gesicht.
Gegenwind.

Ich schrecke zurück.
Unsicher ist mein Stand.

Gegenwind.
Dein Geist kommt mir entgegen.

Ich bleibe aufrecht
und stehe.

*Apg 2,1-4*

Blühender Zweig

# Immer mehr lieben

Ich habe am See gesessen,
an deinem See -
bei dir?

Ich habe die Augen geschlossen
und Schritte gehört -
sie kamen auf mich zu.

Du hast dich zu mir gesetzt,
hast meine Hand genommen
und hast mich angesehen.

Ich kenne deine Frage
und du kennst meine Sehnsucht,
daß ich dich
- immer mehr -
lieben möchte.

*Joh 21,15-19*

Sonnenaufgang am See Genesaret

## Nach Israel

Geist-los
sitze ich da -
Körper nur.

Körper-los
geblieben im Land der Gnade -
mein Geist
atmet seine Luft.

Kaum wage ich,
ihn zurückzubitten,
denn Wandlung
wird geschenkt in seiner Spur:
Gabe des Geistes.

Blick auf Jerusalem

## Aufbrechen

A ufbrechen
U nd
F rische
B rise
R iskieren.
E r,
C hristus,
H at
E inen
N euen

A nfang
U nd
F rohes
B eginnen
R estlos
E rmöglicht.
C hristen
H offen,
E rhoffen
N eues.

A us
U nerlaubter
F insternis
B rechen
R ufende
E iner
C hristlichen
H offnung:
E rmüdet
N icht!

Zweig eines Feigenbaumes

## Fotonachweis:

Marie-Luise Langwald:

S. 15, 17, 29, 53, 67, 71, 73, 79, 83, 89, 95.


Kommissariat des Hl. Landes, Dortmund:

S. 5, 7, 9, 11, 13, 19, 21, 23, 25, 27, 31, 33, 35, 37, 39, 41, 43, 45, 47, 49, 51, 55, 57, 59, 61, 63, 65, 69, 75, 77, 81, 85, 87, 91, 93, 97, 99.


Ein besonderer Dank gilt P. Werner Mertens OFM, Kommissariat des Hl. Landes, Franziskanerstr. 1, 44143 Dortmund, der einen Großteil des Bildmaterials zur Verfügung stellte.

# Helmut Schlegel
# Assisi für Pilger
# Ein Begleitbuch für Besinnung und Liturgie

Der Franziskaner und Assisi-Kenner Helmut Schlegel gibt mit diesem Pilgerführer eine Vielzahl von praktischen Hilfestellungen für eine Reise nach Assisi und zu den franziskanischen Städten in der Umgebung.

Wallfahrer erfahren Grundlegendes von der historischen und spirituellen Dimension der Orte, an denen Franziskus und Klara lebten; gleichzeitig werden Vorschläge und Modelle (Einführungen, Lieder, Meditationen, etc.) für Gottesdienste an diesen franziskanischen Orten angeboten.

Somit wird dieses Buch einerseits zu einem idealen Pilgerführer für Wallfahrtsgruppen, andererseits sollte es jeden begleiten, der in der Stille die besondere Atmosphäre dieser franziskanischen Stätten verspüren möchte.

236 Seiten / Broschur / DM 24,80
ISBN 3-97163-211-2

# Hermann Schalück
# Die Farben der Mutter Erde
# Franziskanische Begegnungen in der einen Welt

Hermann Schalück, Generalminister des weltweit tätigen Franziskanerordens, berichtet in diesem Buch, das bewußt im Stil der franziskanischen „Fioretti" geschrieben ist, von seinen Begegnungen mit Menschen in mehreren Kontinenten.

Die hier aufgenommenen Erzählungen versuchen, die heutigen Herausforderungen an die Brüder und Schwestern zur Sprache zu bringen. Der Autor zeigt Wege, die seine Brüder und Schwestern gehen, um eine Inkulturation des Evangeliums in die verschiedensten Kulturen und Systeme zu erreichen.

In Bildern und Gleichnissen stellt er die Frage nach der Zukunftsfähigkeit des franziskanischen Erbes, das sich heute unter völlig anderen Bedingungen behaupten muß als in der Gründungszeit des Ordens.

304 Seiten / Broschur / DM 29,80
ISBN 3-87163-210-4